RELATION CIRCONSTANCIÉE

DE L'AFFAIRE

DE THOUARS ET DE SAUMUR.

RELATION CIRCONSTANCIÉE

DE L'AFFAIRE

DE THOUARS ET DE SAUMUR;

PRÉCÉDÉE D'UNE NOTICE BIOGRAPHIQUE

SUR LE GÉNÉRAL BERTON;

PAR CHARLES LAUMIER,

Auteur de l'*Histoire de la révolution d'Espagne en* 1820.

PARIS,

A LIBRAIRIE NATIONALE,

AU PALAIS-ROYAL, GALERIE DE BOIS, N°. 235,

Et chez PLANCHER, Libraire, quai Saint-Michel, maison des Cinq-Arcades.

1822.

AVERTISSEMENT.

Nous publions ici une épisode de la vie d'un officier-général qui, après avoir parcouru avec succès la carrière des armes, s'est mis tout à-coup en révolte armée contre le pouvoir et les lois de son pays, et a terni en un jour tout ce que ses triomphes militaires lui avaient valu d'applaudissemens et de gloire.

Les affaires de Thouars et de Saumur appartiennent à l'histoire des temps modernes, de la même manière que la conjuration de Catilina appartient à l'histoire de Rome. Les égaremens des hommes forment sans doute un effrayant tableau ; mais ce tableau doit être mis sous leurs yeux, tout aussi bien que celui de leurs talens et de leurs vertus ; ils y trouvent des leçons moins constantes, mais aussi profitables que dans le dernier. Si un vain scrupule eût arrêté Salluste, si on eût cru devoir effacer jusqu'au souvenir d'un grand complot, nous serions privés d'un des plus beaux épisodes de l'histoire des temps anciens, et tout ce que la postérité y a puisé d'horreur pour la rebellion, eût été perdu pour elle.

Moins pour éclairer nos descendans, à qui ce mince opuscule ne parviendra certainement pas, que pour inspirer à nos contemporains cette haine vigoureuse que doit avoir tout homme pour la révolte, nous publions cet ouvrage, dans lequel nous avons cherché à être impartial, et pour lequel nous n'avons consulté d'autre passion que celle du bien public.

Les causes qui ont porté le général Berton à armer contre son pays un bras qu'il a consacré long-temps à sa défense, nous ont paru de deux sortes; celles qui ont leur source dans des mécontentemens particuliers, et celles qui sont prises dans l'état général des choses en France : occupons-nous d'abord des premières.

S'il faut en croire un de nos plus éloquens orateurs, qui n'approuve en rien sa conduite, cet officier a été aigri par des mesures de précaution que l'autorité a dû prendre contre lui, et cette aigreur, produite par ce qu'il appelait l'arbitraire, l'a poussé à la révolte.

Certes, on ne peut rien répondre de plus juste que ce qu'a dit Monseigneur le garde-des-sceaux, dans la séance de la chambre des Députés, le 28 mars dernier.

« Si le pouvoir eût été injuste envers lui, Français et » soldat, son devoir était de gémir, et cependant de rester » fidèle à ses sermens. »

Voilà la morale inviolable et sacrée de tout homme ami de son pays et l'arrêt du général Berton. Aristide, injustement banni d'Athènes par un peuple corrompu que fatiguait la présence d'un homme de bien, jetant un dernier regard sur la ville, et priant les dieux de la combler de leurs plus précieuses faveurs, fut suivi, dans son exil, des regrets et des vœux de tout ce qui restait dans l'Attique de gens d'honneur et de vrais citoyens. Coriolan, rentrant sur le sol de sa patrie à la tête d'une armée levée sur une terre étrangère et ennemie, dictant insolemment des lois au sénat romain, n'a laissé qu'une mémoire flétrie, un nom déshonoré et le souvenir de son coupable triomphe.

« Mais, continue Monseigneur le garde-des-sceaux, » avait-il (Berton) été victime de l'arbitraire? Non,

» Messieurs; et je souhaite que ces paroles retentissent » non-seulement dans cette enceinte, mais au dehors, » parce que l'assertion contraire est directement opposée » à la vérité.

» Cet homme, dont je m'abstiens, par bienséance, et » je crois même par devoir, de prononcer ici le nom, » cet homme a été l'objet de mesures sévères, pourquoi? » parce qu'il avait eu le malheur de les mériter. »

Des considérations, qui ont non seulement motivé la révolte du général Berton, mais encore une demi-douzaine de complots aussi mal raisonnés, sont discutées dans la Préface qui suit.

Nous avons indiqué la source du mal où nous avons cru la découvrir, et nous avons montré le remède où nous croyons qu'il existe.

Nous réduisons à leur juste valeur ces complots ténébreux, dont s'emparent les feuilles d'un certain parti, pour montrer aux nations étrangères la France comme un foyer toujours brûlant de révolutions nouvelles; nous avons dit qu'il n'y a plus de *révolutionnaires* en France, et nous le croyons dans toute la sincérité de notre âme, persuadé qu'il n'est aucun Français, quelque aigri qu'il puisse être, qui désire que notre patrie retombe encore une fois dans cet abîme de sang et de pleurs dont l'a tirée la Providence. Nous pensons que ce mot, qui rappelle tant d'horribles souvenirs, doit être rayé du vocabulaire des hommes d'état et ne plus être appliqué à personne.

Nous donnons à la suite de la Préface une Notice biographique sur le général Berton, et nous retraçons aussi exactement que nous pouvons le faire l'histoire de ses campagnes militaires; nous n'avons pas la coupable intention d'appeler sur lui l'intérêt public, mais nous avons cru devoir être historien fidèle, et ne rien déguiser de ce que les relations ont dit d'honorable pour lui; ce tableau, d'une partie de sa vie, rendra plus odieux à tout bon Français celui que nous traçons de ses projets et de son équipée. Nous ne craignons pas de le dire, s'il eût tenu une conduite sage, s'il ne se fût point irrité des mesures sévères que l'autorité croyait nécessaires à son égard et que l'évènement a trop bien justifiées, son nom ne fut point arrivé sans gloire à la postérité : ses faits d'armes lui assuraient une assez belle place dans nos annales.

PRÉFACE.

L'AUTORITÉ a découvert dernièrement à Saumur un de ces projets heureusement mal raisonnés et mal conçus, par des gens qui se croient des conspirateurs et ne sont que des brouillons, qui pensent conjurer parce qu'ils se cachent, et s'imaginent qu'on les craint parce qu'on les surveille. Les auteurs de cette triste équipée, ont été saisis par la justice, et déjà un arrêt a été prononcé contre eux.

Voilà le sept ou huitième complot semblable, que l'on évente depuis sept ans. Parmi les différens ministres qui se sont si rapidement succédé, il n'en est guères qui n'ait eu la satisfaction de découvrir sa petite conspiration, et qui, avant de rendre le porte-feuille, ne se soit procuré le plaisir de sauver la patrie.

N'envions pas ce plaisir innocent à des hommes qui, dans leur déchéance, n'ont que cela pour consolation, avec un traitement de vingt mille francs. Ne croyons pas cependant que la patrie ait été aussi souvent sauvée qu'il plaît au petit amour-propre de ces défuntes excellences de le dire, mais ne pensons pas non plus, qu'il n'ait jamais existé depuis sept ans, de complots criminels que l'autorité ait dû réprimer et punir.

Tâchons de réduire tout cela à sa juste valeur et cherchons en la cause.

Un Roi élevé à l'école du malheur, qui, des lieux où le retinrent trop long-temps les destins ennemis, avait toujours les yeux tournés vers nous et s'associait à nos triomphes, revint précédé de l'espérance et accompagné de l'amour et de la paix.

Connaissant nos besoins, il signa, de sa libre et entière volonté un pacte solennel, transaction nécessaire entre les intérêts anciens que la révolution avoit blessés, et les intérêts nouveaux qu'elle avait fait naître.

Cet acte de la plus haute sagesse, présentait toutes les garanties que pouvaient exiger les esprits les plus inquiets et les plus défians, prévenait tous les désordres, séparait, par une barrière inviolable et sacrée, les temps nouveaux des siècles anciens, et devenait la pierre angulaire de l'édifice social qu'il s'agissait de construire.

Après un long orage, la mer ne devient pas subitement calme et tranquille : ses flots battent long-temps encore, en les blanchissant d'écume, les rochers qui l'environnent. Après une commotion politique si longue et si violente, on ne devait pas s'attendre à une paix générale entre tous les partis ; l'exaspération qu'avaient jetée dans les esprits, vingt-cinq ans de triomphes non interrompus, ne pouvait pas se calmer tout-à-coup, il était difficile de renoncer à tant de souvenirs glorieux, d'abandonner tant de riches espérances, et d'en faire de bonne grâce et sans se plaindre, le sacrifice au bien général et public.

Il était difficile d'un autre côté, qu'après vingt-cinq ans de privations et de souffrances, sur un sol étranger et souvent inhospitalier, une certaine classe d'hommes ne revînt pas avec de l'aigreur, des sentimens d'animosité et des désirs de vengeance.

Il y eut donc des regrets, des plaintes d'un côté, des récriminations et des prétentions exagérées d'un autre; on ne peut pas rigoureusement espérer de la modération de deux partis qui se sont fait, vingt-cinq ans, une guerre à mort et qui se trouvent face à face sur le même terrain. Un gouvernement vigoureux n'eût prêté l'oreille aux plaintes de personne, et marchant droit à son but, eût brisé tous les obstacles, de quelque part qu'ils vinssent, enfermé tous les intérêts dans la ligne constitutionnelle que la Charte avait tracée, et puni exemplairement quiconque eût essayé de la franchir.

Il n'en fut pas ainsi; on laissa prendre trop d'influence aux partisans des intérêts anciens; l'amour-propre national fut humilié et la société se trouva livrée à une guerre sourde et intestine, d'autant plus dangereuse que personne ne songeait sérieusement à y mettre fin. Des murmures se firent entendre, et des ministres, je ne dirai pas de mauvaise foi, mais trompés, car on trompe aussi les ministres, les prirent pour des cris de rebellion; on appela séditieux des hommes qui ne demandaient que la conservation de droits acquis et garantis, tandis que des ecclésiastiques imprudens annonçaient publiquement en chaire le rétablissement de la dîme (1), que des évêques en ordonnaient le payement dans des catéchismes (2), et que d'anciens privilégiés réclamaient juridiquement et à haute voix des droits abolis par la Charte. Dans ce renversement de toutes les idées, quiconque parla de liberté fut, par un certain parti, appelé révolutionnaire, et chaque fois qu'un ministre arrachait aux deux chambres une loi suspensive ou destructive de nos droits, il croyait naïvement en se couchant, avoir sauvé la monarchie.

Dans cet état d'inquiétude et de malaise, il ne fut pas difficile à quelques imprudens de réunir assez d'élémens de discorde pour troubler, un instant, la tranquillité publique. De là ces obscurs complots aussitôt étouffés que conçus, ces conspirations niaises qu'on s'efforce de rattacher à un plan vaste

---

(1) Dans une commune, selon que rapporte le *Courrier-Français*, le vicaire annonça publiquement le rétablissement de la dîme, et prêcha sur l'obligation de la payer. Ce ne fut qu'avec peine, et après des instances deux fois réitérées, que le curé se décida à désavouer son vicaire, et à calmer la rumeur que son discours imprudent avait excitée dans la paroisse.

(2) Voir la séance de la Chambre des députés, dans laquelle un des honorables membres du côté gauche rapporta la date et le lieu de l'impression d'un grand nombre de ces catéchismes.

et permanent qui n'existe nulle part et dont personne n'a jamais eu l'idée.

On ne veut plus de révolutions en France et il n'y a plus de révolutionnaires ; on cherche à conserver ses droits et personne ne pense à conspirer. Les amis de la liberté, veulent la liberté constitutionnelle, telle que le Roi l'a conçue, accordée, définie dans la Charte, ils la veulent toute entière, avec toutes ses conséquences et n'en veulent point d'autre. Voilà leur profession de foi.

Que toute la France l'entende, que tous les partis se le tiennent pour dit, et que l'on ne flétrisse plus de noms odieux les véritables amis de la nation et de la monarchie, que l'on ne calomnie plus des intentions loyales, que l'on ne qualifie plus d'appels à la révolte, des représentations permises.

Si des mandataires du peuple chargés de défendre ses intérêts à la tribune publique, tiennent quelquefois un langage austère, que les dépositaires du pouvoir sachent l'entendre ; c'est une suite du gouvernement représentatif ; la liberté ne s'exprime pas toujours en phrases arrondies et mielleuses, d'ailleurs ils usent d'un droit et remplissent un devoir ; ils ne sont pas nommés pour être les applaudisseurs gagés d'un pouvoir toujours trop disposé à s'étendre. Organes du peuple, ils seraient les premiers à condamner et réprimer ses écarts.

Tous ces complots que l'on découvre depuis sept ans, sont à peine faits pour troubler vingt-quatre heures la tranquillité publique, mais enfin c'est encore trop; qu'on en détruise donc le prétexte, qu'on rentre franchement et loyalement dans la ligne constitutionnelle, qu'on laisse la nation jouir paisiblement de toutes les libertés qu'elle tient de son Roi, qu'on ne lui en interdise pas momentanément l'usage, tantôt sous un prétexte, tantôt sous un autre, la France sera heureuse et tranquille, et l'on n'entendra plus parler de conspirations; à la vérité on ne sauvera plus aussi souvent la patrie; mais elle deviendra florissante au dedans, respectable au dehors, par la seule force de ses institutions et du caractère de ses habitans, ce qui est au moins aussi avantageux et aussi glorieux pour elle.

NOTICE

SUR LE

GÉNERAL BERTON.

PAR une singularité remarquable, aucune des biographies modernes ne parle de la vie et des actions du général Berton. Le grand et important ouvrage que publient, sous le nom de *Biographie des Contemporains*, des hommes de lettres qui unissent à de grands talens, une patience laborieuse et une bonne foi éprouvée, se tait également, sur cet officier-général, dont la vie et les exploits ne furent point aussi obscurs, que l'oubli auquel on semble les condamner pourrait le faire croire. Il a donc fallu chercher longuement, dans les ouvrages modernes, les matériaux nécessaires pour établir la notice que nous publions ici. Si elle n'a pas le mérite de donner, dans toute son étendue, l'histoire d'un homme qu'un coup de tête irréfléchi vient de porter à une certaine célébrité, au moins elle pourra servir de guide et de renseignemens à ceux qui voudront en faire une plus complette.

N... Berton, Maréchal-de-camp des armées du Roi, naquit à Sedan, département des Ardennes. Elevé à l'école de Brienne, il en sortit pour entrer sous-lieutenant dans le 5e. régiment de chasseurs à cheval, et de là fut attaché, avec le grade de capitaine, à l'état-major du prince Bernadote. Ses premiers pas, dans la carrière des armes, furent presque inaperçus. La première de ses expéditions, dont l'histoire des temps modernes ait conservé le souvenir, est celle dont il fut chargé le 13 octobre 1806, veille de la bataille d'Iéna.

Sous la conduite d'un chef que n'avait jamais trahi la victoire, l'armée française se disposait à cette campagne étonnante qui devait, comme un coup de tonnerre, réduire en poudre la monarchie prussienne, et laver l'affront qu'ont reçu nos aïeux à Rosback. Les troupes, pleines de courage et d'orgueil, arrivaient avec cette confiance qui présage et donne la victoire (1). Le 13 octobre 1806, des instructions et des ordres furent adressés à tous les corps d'armée qui devaient entrer en ligne et prendre part à la bataille du lendemain; il fallait pour porter ces ordres des officiers d'une grande expérience pour ce genre de mission. Le moindre dé-

(1) Les généraux ennemis avouaient que la confiance que Napoléon inspirait à ses soldats, augmentait leur force morale plus que ne l'aurait fait un renfort de cinquante mille hommes.

faut d'intelligence et d'activité pouvait compromettre l'armée française et amener une défaite humiliante. Le corps du maréchal prince de Ponte-Corvo et celui du maréchal Davoust, plus éloignés du centre de l'armée, devaient, par des mouvemens simultanés et rapides, seconder les efforts que feraient les autres corps. Le prince de Ponte-Corvo devait déboucher par Dornburg pour séparer la principale masse ennemie de ses réserves et la prendre à dos, si elle se portait en force sur Naumburg ou sur Iéna. Le maréchal Davoust devait défendre les défilés de Kœsen, si l'ennemi voulait s'avancer sur Naumburg, et, dans le cas où celui-ci resterait dans sa position, se porter sur Apolda, pour l'attaquer sur ses derrières.

Ces ordres, qui devaient être transmis avec la plus grande rapidité, furent confiés par le major-général prince Berthier, à un aide-de-camp du maréchal Davoust et au général Berton, alors capitaine d'état-major, comme nous l'avons dit. Ces deux officiers partirent dans la soirée du 13, et firent une telle diligence qu'ils arrivèrent chacun à sa destination avant minuit; les deux corps d'armée eurent le temps de faire les manœuvres qui leur étaient ordonnées, et par leur activité, ces deux officiers contribuèrent puissamment à la victoire.

La même année, à l'attaque de la ville de Halle, tandis que le général Drouot cherchait à traverser la Saale à gué, le 96e. régiment de ligne et le 9e. d'infanterie légère attaquaient un pont long et étroit qui conduisait à la ville. Ces deux régimens, qui s'étaient emparés de la tête du pont, arrêtés par un feu très-vif de mousquèterie et une canonnade qui faisait dans leurs rangs d'effroyables ravages, hésitaient à se porter en avant. Le colonel Barrois, commandant du 96e., se mit à la tête de ses grenadiers, et la baïonnette en avant, se précipita sur les barricades qui le séparaient de l'ennemi, et refoula les Prussiens jusqu'à l'entrée de la ville, qu'ils n'eurent pas le temps de défendre.

Les capitaines d'état-major Berton et Pernet, envoyés par le prince de Ponte-Corvo avec un piquet de cinquante hommes de cavalerie légère, entrèrent dans la ville de Halle avec le colonel et les grenadiers du 96e. régiment. Prenant la tête de l'infanterie, leur petit escadron chargea les Prussiens sur la place de l'Hôtel-de-Ville et leur fit trois cents prisonniers.

Cette action, qui décida la soumission de la place et la retraite de l'ennemi, fut citée particulièrement par le prince de Ponte-Corvo, et les capitaines Berton et Pernet furent recommandés nominativement à l'Empereur dans le rapport qui lui fut fait.

Envoyé en Espagne en 1811 avec le grade de colonel, Berton fut nommé commandant supérieur de Malaga. Dans cette ville, il donnait une fête qui devait durer trois jours; les insurgés espagnols crurent l'occasion propice pour faire une tentative sur la place, dans l'espoir de s'en emparer et d'en égorger la garnison. Instruit à temps, le général Berton fait monter à cheval deux cents hommes, et sans rien changer aux dispositions de la fête, il part secrètement, tombe sur les insurgés, leur tue cinq cents hommes, fait huit cents prisonniers, et rentre tranquillement pour présider jusqu'au jour aux divertissemens qui avaient lieu chez lui.

La garnison française de Ronda se trouvait cernée par un parti de quatre mille hommes; commandés par le marquis de Las Cuevas. Le maréchal duc de Dalmatie, vivement inquiet et sentant combien la conservation de ce poste, d'ailleurs très-difficile à défendre, était nécessaire au plan qu'il avait adopté, ordonna pour son déblocus le mouvement combiné de quatre colonnes tirées des garnisons de différentes places. Le colonel Berton, à la tête de la colonne partie de Malaga, entrait dans Ronda et délivrait cette ville, sous les ordres du général Rey, tandis que les autres corps attaquaient l'ennemi et le dispersaient après lui avoir tué plus de cinq cents hommes.

Lorsque les chances de la guerre eurent forcé l'armée française à évacuer l'Espagne et à se battre sur le territoire de sa patrie, Berton, devenu général, seconda de tout son pouvoir les opérations du général en chef duc de Dalmatie.

A la bataille d'Orthez, le 27 février 1814, il fut placé, avec deux régimens de cavalerie, un d'infanterie et deux pièces de canon, à Lacq, sur la route de Pau, pour garder le Gave, jusqu'au pont de Lescar, avec l'instruction de ne se retirer par Arthes que lorsqu'il y serait forcé par des masses.

Cette position l'empêcha de prendre une part active à la bataille, si pourtant le général Villate, repoussé par le général anglais Hill, qui avait forcé le gué de Biron, eût retardé sa marche et laissé au général Berton, qui accourait, le temps de rassembler ses détachemens, celui-ci, en tombant sur le flanc de la colonne anglaise, eût peut-être changé la face des affaires.

Après la bataille, l'armée française se mit en retraite, et le général Berton, selon ses premières instructions, se porta sur Arthes pour marcher parallèlement à l'armée, jusqu'à la hauteur d'Hagetman, afin d'arriver sur le flanc de l'ennemi, si le canon se faisait entendre dans cette direction. A Hagetman, il se réunit à l'armée qui arrivait par Sault de Navailles, marcha avec elle sur Saint-Sever et Aire, et sa brigade de cavalerie légère réunie aux troupes du comte d'Erlon, formant l'arrière garde, prit position à Cazères.

Le général anglais Stappleton-Cotton étant arrivé devant Cazères, le comte d'Erlon, qui n'avait pas l'ordre d'accepter le combat, pensa à opérer sa retraite sur Barcelone. Les Anglais s'emparèrent de Cazères, qu'ils ne firent que traverser, pour se mettre à la poursuite de notre arrière-garde; mais une charge brillante, que fit le 13e. de chasseurs de la brigade Berton, força à la retraite la cavalerie de lord Sommerset qui débouchait sans précaution de Cazères, et l'arrière-garde ainsi protégée arriva à Barcelone.

Le général Berton reçut dans cette ville l'ordre du duc de Dalmatie de repasser l'Adour en toute hâte, et de s'établir derrière le pont du Lées; ce mouvement favorisait la retraite que le duc de Dalmatie avait intention de continuer, quand les magasins d'Aire et de Barcelone seraient évacués.

Le duc de Dalmatie ayant pris la résolution

de manœuvrer sur la droite de l'armée ennemie, se mit en marche le 12 mars 1814. Le général Berton, à la tête de l'avant-garde, culbuta les avant-postes ennemis, et força le général anglais Hill, menacé par ce mouvement, à se concentrer entre Aire et Garlin, derrière le gros Lées, et à demander du renfort au général Hope.

L'armée française avait le projet de se replier sur Tarbes; poursuivie par trois colonnes anglaises, elle eut un instant l'intention d'accepter le combat sur le plateau de Lamayon; mais le duc de Dalmatie, apprenant que la gauche des alliés avait suivi la route de Plaisance à Maubourguet, et paraissait déjà sur le plateau de Sauveterre, se hâta de gagner Tarbes, en ordonnant à la cavalerie légère d'inquiéter la marche de l'ennemi, jusqu'à ce que le comte d'Erlon eut pris position à Vic-Bigorre.

Le général Berton exécuta cet ordre avec succès; cantonné derrière Maubourguet, il attendit que la cavalerie ennemie en débouchât pour la charger avec impétuosité, et la culbutant jusques dans la ville, il fit sa retraite en bon ordre sur Rabasteins.

Lors de la bataille de Toulouse, la brigade du général Berton fut placée sur le chemin des Bordes, observant la plaine entre l'Ers et les hauteurs de Montandron, en potence sur la brigade Lesueur. Une charge par le 13e. de chasseurs, commandée et exécutée mal à propos, jeta de l'incertitude dans la marche d'une colonne qui fut enfoncée, obligea le duc de Dalmatie à un changement de front, et, après une bataille des plus opiniâtres et des plus glorieuses pour l'armée française, à évacuer la ville de Toulouse.

Lors du 20 Mars, le général Berton fut réemployé dans son grade, et obtint le commandement d'une brigade de cavalerie sous les ordres du général Excelmans. La brièveté de la campagne ne lui permit pas de se signaler, et la perte de la bataille de Waterloo lui ferma une carrière qu'il avait parcourue avec quelque gloire.

Après la seconde restauration, le général Berton, qui n'était ni plus coupable ni plus innocent que les autres officiers français, fut cependant traité avec une sévérité plus grande; rayé du tableau de l'armée, il fut mis en prison.

Rentré dans la société et rendu à la vie privée, il employa ses loisirs à écrire l'histoire des campagnes qu'il avait faites, et à publier, sur la guerre, les idées que l'expérience et l'étude lui avaient fait adopter. Il est auteur d'une brochure *sur la campagne de Waterloo*, d'une lettre à *M. Mounier*, directeur général de la police, dans laquelle il s'élève avec une courageuse indignation contre un pamphlet dégoûtant que la police d'alors laissa crier et vendre dans Paris. Il est de plus auteur d'une *Réfutation de la stratégie du prince Eugène*, et fut un des collaborateurs de la *Minerve-Française*. Avec de l'éloquence et de la bravoure, le général Berton s'est trompé sur son propre compte, s'il s'est cru doué d'un de ces génies créés pour changer la face des empires. Excellent officier supérieur, il n'annonce aucun de ces talens éminens et souvent funestes qui conduisent un homme à une célébrité qui lui coûte quelquefois plus qu'elle ne vaut. L'étourderie et l'irréflexion de sa conduite, l'imprudence de la tentative qu'il vient de hasarder et dont il ne sera malheureusement pas la seule victime, prouvent qu'il a plus d'audace que de jugement.

Le général Berton ne s'est point du reste enrichi par ses campagnes militaires ; il n'a pour toute fortune qu'une petite propriété à Crépy, près de Villers-Cotterets. Père de deux fils, l'un est sergent dans un régiment de ligne, et l'autre est officier de dragons.

AFFAIRE

DE SAUMUR.

Il s'était établi depuis quelque temps à Saumur une espèce de franc maçonnerie politique, dont les membres portaient le nom de chevaliers de la liberté. Cette société, modelée sur toutes les associations secrètes anciennes et modernes avait ses épreuves, ses mots, ses attouchemens et ses signes de reconnaissance. Le grade de chevalier de la liberté n'était, à ce qu'il paraît, qu'un échelon, et en précédait plusieurs autres. Celui de carbonaro était le sommet de l'édifice et complétait le système.

Les chefs subalternes de cette société, que plusieurs prenaient pour une franc-maçonnerie nouvelle, ou pour une maçonnerie ancienne régénérée, disaient être dépendans de chefs supérieurs, qui tenaient dans le monde un rang élevé par leur fortune et leurs dignités ; qui, inconnus à l'immense majorité des frères, apparaîtraient tout-à-coup, quand le moment de marcher vers le but de l'association, serait arrivé, et prendraient le commandement de toutes les forces de l'ordre.

Si les chefs supérieurs de cette association ont voulu s'envelopper d'une mystérieuse obscurité, ils ont certainement bien réussi, jamais un secret ne fut aussi bien gardé; il est bien plus raisonnable de croire qu'à l'exception d'un seul qui se trahit plus tard, les autres n'existaient que dans la tête des affiliés. Quand la police fut instruite de l'existence de la société, et en eut fait arrêter plusieurs membres, aucun d'entre eux ne put s'accorder sur le nom de ces dieux inconnus auxquels ils obéissaient; les uns nommaient le général Berton, d'autres désignaient des hommes chers aux amis de la gloire et de la liberté, et que le respect nous empêche de signaler autrement.

Le but de l'association était également un mystère, ou plutôt l'association n'avait pas de but. Les chevaliers de la liberté ne savaient nullement à quoi les destinaient les chefs à qui ils avaient juré obéissance et soumission. Ils présumaient vaguement qu'il s'agissait d'un changement politique; mais quel pouvait-il être? En faveur de quel parti devait-il s'opérer? Voilà où personne ne voyait clair. En attendant que l'on fût d'accord, on promettait à chacun ce que l'on croyait être conforme à son goût et à son ambition : à l'un la constitution de 91, avec la dynastie des Bourbons ; à l'autre Napoléon II ; à un troisième cette république chimérique et impossible dont nous avons fait un si désastreux essai.

Le signe du ralliement n'était pas encore même définitivement arrêté ; les uns adoptaient le drapeau tricolore, d'autres voulaient marcher sous la bannière des carbonari.

Il était moralement impossible qu'une société composée d'élémens aussi hétérogènes devint jamais redoutable. Le défaut d'accord sur le but et même sur les moyens d'exécution, devait rendre impuissans et stériles les efforts des confédérés, quelque nombreux qu'ils pussent être d'ailleurs.

D'un autre côté, les sociétés secrètes, si redoutables autrefois par leur puissance et le mystère dont elles s'environnent, ont perdu aujourd'hui leur influence et leur pouvoir ; elles ont pu changer quelquefois la face des gouvernemens et des empires ; mais au temps et dans le pays où nous vivons, tous leurs efforts n'aboutiraient à rien. Les Allemands, silencieux et réfléchis, peuvent long-temps méditer, suivre un projet et attendre dans l'ombre et le silence le moment favorable à son exécution ; c'est ainsi que l'illuminisme a pu germer, croître, grandir en silence et apparaître, quand on découvrit son existence, tel qu'un géant formidable pour les adversaires qu'il voulait combattre; mais le Français n'est pas propre à suivre des plans dont l'exécution ne doit avoir lieu que plusieurs années après. Il devance toujours l'occasion, et par conséquent la manque. D'ailleurs est-il possible à un certain nombre d'hommes de se réunir régulièrement et en secret, dans un pays où la police a toujours mille bras étendus et mille yeux ouverts? Si dix personnes se rassemblent plusieurs fois pour traiter des choses même les plus insignifiantes, il y a vingt à parier contre un, que si la réunion porte ombrage à une police inquiète et soupçonneuse, elle trouvera moyen d'y insinuer et faire admettre plusieurs de ses agens, et des hommes qui se croiront environnés de gens d'honneur, sous la garde des dieux domestiques, se verront trahis, vendus et livrés jour par jour, par des traîtres qu'ils auront admis sans défiance.

Je ne veux qu'un exemple de ce que j'avance ici. Une réunion d'hommes respectables par leurs principes et leurs talens, indépendans par leur profession et leur fortune, des banquiers, des députés, des hommes de lettres cherchaient à conserver les derniers débris d'une liberté qu'on attaquait tous les jours. Cette réunion, connue dans le temps sous le nom de société des amis de la liberté de la presse, qui ne présentait rien d'hostile, créée pour défendre et non pour attaquer, fut en butte à d'odieux soupçons ; et tous les soirs, dit-on, vingt êtres dégradés, vils salariés de la police, rendaient compte des discours qu'on y avait prononcés et des résolutions qu'on avait prises. Mais la société, forte de la pureté de ses intentions et du patriotisme de ses membres, s'inquiétait peu de cette surveillance et ne redoutait pas les rapports.

C'était particulièrement parmi les élèves de l'école royale de Saumur que Delon, lieutenant d'artillerie à cheval, qui avait déjà figuré dans un procès criminel pour affaires politiques, un des chefs du complot, cherchait à faire des prosélytes. Il réussit à en gagner quelques-uns, mais ses tentatives étaient tellement imprudentes, que l'on parlait publiquement dans les corridors de l'école, des chevaliers de la liberté, de leur réunion en société secrète, des chefs supposés qui les dirigaient, etc. ; en un mot, on conspirait à haute voix et en plein vent. La garnison de Saumur fut sondée, et quelques sous-officiers, aveuglés ou séduits, consentirent à faire partie de l'association.

La société des chevaliers de la liberté éprouva le sort de celle de l'épingle noire, de celle du lion dormant, enfin, le sort qu'éprouveront en France toutes les sociétés secrètes qui s'occuperont d'affaires politiques; une indiscrétion, une confidence mal placée en révéla l'existence, et le nommé Duzas, maréchal-des-logis aux chasseurs de l'Arriège, fut dans le procès, désigné comme le dénonciateur de la société.

M. Barthelemy, capitaine-adjudant-major de l'école de Saumur, ayant entendu parler du complot dans les rapports qui lui furent faits, le fit connaître à M. le général comte Gentil-Saint-Alphonse, commandant de l'école, qui lui ordonna, dès le 12 décembre, la plus grande surveillance. Le 24 il reçut l'ordre de se rendre chez Delon pour le conduire devant le général; mais Delon avait, deux heures auparavant, pris la fuite et il ne le trouva pas.

On arrêta à défaut du chef principal une partie des inconsidérés qu'il avait associés à un projet heureusement mal conçu, et dont le but, ainsi que je l'ai dit, n'était pas même fixé.

Le 20 février 1822, le deuxième conseil de guerre de la 4e. division militaire se réunit à Tours pour juger les militaires accusés d'avoir pris part au complot de Saumur. Le conseil était composé de :

M. le baron Tschudy, colonel du 44e. régiment de ligne, président.

M. Girot, capitaine d'état-major, rapporteur.

M. le comte de Resié, capitaine en second aux chasseurs de l'Arriège, substitut du rapporteur.

M. Buisseret, capitaine commandant aux chasseurs de l'Arriège, commissaire du roi.

Les accusés, au nombre de onze, étaient :

1°. Delon (Honoré-Edouard), lieutenant en premier au 3e. régiment d'artillerie à cheval, contumace.

2°. Sirejean (Jean-Baptiste-Hyacinthe), maréchal-des-logis aux chasseurs à cheval de l'Arriège.

3°. Mathieu (Jacques), maréchal-des-logis aux chasseurs à cheval du Var.

4°. Coudert (Charles), *idem.*

5°. Bourru (Nicolas), brigadier dans les cuirassiers de la garde royale.

6°. Defabert (Antoine), maréchal-des-logis dans les lanciers de la garde royale.

7°. Clément (Jacques-Auguste), maréchal-des-logis chef dans le train du génie.

8°. Dethieux (Pierre), maréchal-des-logis au 3e. régiment d'artillerie à cheval.

9°. Lemaitre (François-Marie), maréchal-des-logis aux chasseurs de l'Arriège.

10°. Daumery (Damas), idem.

11°. Lebrun (N.), idem.

Les huit premiers, élèves à l'École royale d'instruction pour les troupes à cheval à Saumur, et tous ensemble prévenus d'être auteurs, complices, ou non révélateurs d'un complot tramé à l'école de Saumur, qui aurait eu pour but de renverser le gouvernement du Roi, de changer l'ordre de successibilité au trône et d'exciter les citoyens à la guerre civile.

Les défenseurs étaient Messieurs *Blain, Blairé, Julien, Faucheux* et *Pallu*.

Les différens interrogatoires subis par les accusés, soit avant leur mise en jugement, soit après, prouvaient que les confédérés n'avaient, comme nous l'avons dit, ni projet de résolu, ni plan d'arrêté, que l'on décidait un homme à entrer dans l'association, en lui promettant une chose, un autre en lui faisant espérer une toute différente. Sirejean fit l'aveu que Delon, qui l'avait reçu chevalier de la liberté, le 16 ou le 17 décembre 1821, l'avait engagé à dire tout ce qui lui viendrait à l'esprit, selon le caractère des personnes à qui il s'adresserait, même qu'on voulait placer Napoléon II sur le trône ; dans une autre réponse, il ajouta que Delon lui avait dit de se servir de tous les moyens relatifs aux opinions et à l'éducation des personnes qu'il pourrait affilier, de parler aux uns de la charte, aux autres de la constitution de 91, à d'autres enfin de Napoléon II. Le drapeau de la société était, pour le moment, un petit morceau d'étoffe aux trois couleurs, qu'il devait faire reconnaître aux frères, outre le signe d'attouchement des chevaliers de la liberté, grade par lequel il fallait passer, avant d'arriver à celui de carbonaro.

Duzas, troisième témoin, déclara que, le 25 décembre, l'accusé Daumery l'aborda, et lui dit : Es-tu Français? et qu'alors il lui confia que Sirejean était venu à Tours pour sonder les sous-officiers, et les faire entrer dans un complot pour placer Napoléon II sur le trône ; qu'il y avait déjà dans ce complot plusieurs sous-officiers du régiment ; qu'on ne s'était pas adressé aux officiers, parce qu'ils ne voulaient pas mordre ; qu'il l'engageait à se joindre à eux ; qu'il sonnerait à cheval à minuit, et qu'ils entraîneraient une partie du régiment au devant de l'école de Saumur qui arriverait à Tours, où il y avait déjà plus de mille personnes dans la conspiration, etc., etc.

Daumery nia la plus grande partie de ces faits; quelques débats s'engagèrent entre le témoin et l'accusé. Ce dernier prétendit que Duzas avait dit que, depuis six mois, il était de l'*épingle noire;* qu'il avait témoigné beaucoup d'inquiétude, et avait brûlé plusieurs lettres. M. le colonel de Castries, consulté sur la moralité de Duzas, a dit qu'il le croyait incapable de manquer à son serment et à la vérité.

Fourroux, maréchal-des-logis aux chasseurs de l'Arriége, reçut de Duzas et de Daumery des confidences, et fut présent aux discussions qu'eurent ensemble ces deux derniers, relativement à la conspiration; il confirma une partie de la déposition de Duzas.

Pichelin, chasseur au même régiment, reçut de Daumery la confidence que lui avait faite Sirejean. Ce témoin invita Daumery à tout révéler au colonel, et déclara que ce dernier y consentit, mais il en fut empêché alors pour raison de service.

Du reste les témoins, presque tous officiers et supérieurs des prévenus, en déclarant au conseil ce qu'ils savaient de l'association, rendaient justice à leur conduite militaire. M^{r} le marquis de

Castries, colonel des chasseurs à cheval de l'Arriège, certifia qu'avant leur arrestation, les accusés Sirejean, Daumery, Lemaitre et Lebrun, tous quatre maréchaux-des-logis dans son régiment, y étaient distingués par leur bonne conduite et leur intelligence, et que le corps remarquait comme une perte l'affligeante circonstance qui les en éloignait.

Il fut établi par les débats que des tentatives avaient été faites pour séduire la garnison de Tours, et augmenter de quelques frères, le nombre des chevaliers de la liberté. Plusieurs sous-officiers avaient été circonvenus, mais Sirejean qui, à ce qu'il paraît, s'était chargé du soin périlleux de les affilier à l'ordre, ne réussit pas dans ses projets, et il trouva des gens pour le dénoncer, mais aucun pour lui porter secours.

Quand l'association de Saumur fut découverte et dénoncée, la rumeur publique transforma vite un projet mal conçu, par de mauvaises têtes, en une vaste et superbe conjuration, dans laquelle on impliquait je ne sais combien de personnes incapables de s'occuper d'autre chose que du bien public et de la gloire de la nation française, qu'on rattacha à l'affaire de Beffort et à des mouvemens prétendus insurrectionnels, qui avaient lieu sur plusieurs points de la France, où on ne s'en doutait pas. Ce ne fut pas encore assez, on était tellement amoureux de conjuration qu'on finit par en rêver.

Un soldat de la garnison de Nantes alla déclarer à ses chefs que trois bourgeois l'avaient le soir, en pleine rue, sollicité d'entrer dans un complot qui se tramait dans la ville, et que sur son refus il avait été maltraité. Le commissaire de police devant lequel on le conduisit pour renouveler sa déclaration, se trouva heureusement un homme ferme et clairvoyant; cette proposition faite dans la rue, à un soldat inconnu, lui parut singulière; il sut si bien retourner son homme et, le questionna avec tant d'adresse, qu'il finit par lui arracher l'aveu qu'il n'avait raconté qu'une fable, et que la prétendue conjuration dans laquelle on avait voulu le faire entrer, n'existait que dans sa tête.

Si cette déclaration si promptement rétractée n'était qu'une ruse employée par un parti, pour jeter l'alarme dans une ville tranquille et amener l'arrestation de quelques personnes, elle a tourné à la honte de ses auteurs; et nous engageons, messieurs les fabricateurs clandestins de conjurations imaginaires, à employer à l'avenir des agens plus fermes dans leur dire et moins prompts à se rétracter, car en vérité, le pauvre diable de soldat a bien mal gagné son argent, si on lui en a donné pour en rêver une.

L'instruction de l'affaire de Saumur se poursuivait à Tours, les débats étaient déjà ouverts lorsque le général Berton, après avoir démonté une brigade de gendarmerie, lut sur la place publique de Thouars, une proclamation, dans laquelle il prenait le titre de généralissisme des confédérés du Poitou et de la Bretagne et se mit le dimanche, 24 février, en marche sur Saumur, accompagné de Delon, déjà compromis et en jugement à Tours par contumace, et une troupe d'hommes armés, portant le drapeau et la cocarde tricolores. Leur commandant portait lui-même une écharpe aux trois couleurs sur son costume d'officier général.

Comme les accusés avaient à diverses reprises nommé le général Berton devant le capitaine rapporteur, une visite avait été faite chez lui; ses papiers étaient saisis, il était libre à la vérité, mais la preuve de son intelligence avec la société de Saumur, pouvait sans doute être facilement acquise, sa liberté était exposée; il n'avait donc plus qu'un parti désespéré à prendre, pour sauver s'il se pouvait, les accusés, et détruire ou enlever les preuves de sa liaison avec eux. C'est le seul motif qu'on peut donner à sa révolte.

Berton trompé, et croyant que toute l'école royale de Saumur lui était acquise et faisait partie de l'association, pensait n'avoir qu'à se présenter pour l'entraîner dans la défection, mais il fut désabusé; lorsqu'arrivé au pont du Thouet, il y trouva en bataille, une partie de cette même école royale, qui au bruit de sa marche, était montée précipitamment à cheval. Sa figure s'altéra visiblement à l'aspect de ces hommes qu'il comptait pour ses partisans et qu'il trouvait prêts à le combattre. Il parlementa inutilement d'un bout à l'autre du pont, avec le maire de Saumur, qui dans cette occasion montra beaucoup de fermeté; il ne put ni obtenir ni forcer le passage, et fut obligé de se retirer dans la direction de Doué.

Le bruit de cette tentative extravagante fut promptement répandu, et de tous les départemens voisins, des troupes furent mises en mouvement, pour étouffer dès leur naissance des projets insensés, mais qui pouvaient pendant plusieurs jours troubler la tranquillité publique.

Les journaux anti-libéraux furent bientôt remplis des bruits les plus extravagans, les journaux constitutionnels se montrèrent modérés et raisonnables, et à défaut de documens officiels, se bornèrent à répéter les nouvelles que donnaient les feuilles du parti contraire, en citant celle à laquelle ils les empruntaient. L'appel le plus hideux et le plus sale fut fait dans une feuille obscure intitulée la Foudre, et l'injure la plus basse et la plus dégoûtante fut prodiguée à la partie respectable de la Chambre qui défend si courageusement ce qui nous reste encore de nos libertés; les autres, par des vœux homicides, prévenaient le jugement de l'affaire de Saumur, et signalaient au glaive de la justice des hommes dont on n'avait point encore entendu la défense.

Les chasseurs qui étaient à Vendôme se rendirent à Tours, ainsi que les carabiniers de MONSIEUR, qui tenaient garnison à Châteaudun. Huit cents hommes du régiment de la garde royale qui était à Orléans, se dirigèrent sur le même point : un maréchal-de-camp, colonel de la garde royale, partit de Paris pour prendre le commandement des divers détachemens de la garde qu'on avait envoyés à Saumur et à Tours, et un régiment suisse qui était en garnison à Orléans, se rendit également à Tours, pour remplacer les troupes qu'on avait envoyées à la poursuite de la troupe du général Berton; en trois jours, toutes les routes furent couvertes de soldats, et cette échauffourée qui n'eut point et ne pouvait avoir de suites, servit à montrer quelles forces le gouvernement tient à sa disposition, et combien serait promptement réprimée une attaque plus sérieuse.

Le détachement de l'école de Saumur qui avait arrêté le général Berton au pont du Thouet, se mit incontinent à sa poursuite; suivi d'un régiment de cavalerie, ces troupes arrivèrent à Doué deux heures après que le général en fut parti.

Pendant ce temps, des recherches furent faites dans les environs de Thouars par le sous-préfet de Bressuire, secondé par un détachement de cuirassiers, par la gendarmerie et les habitans qu'il avait organisés en garde nationale : il arrêta un bon nombre de personnes. À Parthenay, des recherches furent faites de même par le sous-préfet de cette ville, et eurent également pour résultat l'arrestation de plusieurs personnes. La cour royale de Poitiers, devant laquelle doit s'instruire l'affaire, envoya à Parthenay son premier président, un président de chambre, le procureur-général, et l'avocat-général, pour donner aux poursuites la solennité et l'activité réquises en pareil cas.

Pendant que le général Berton marchait sur Saumur, quelques brouillons cherchaient à mettre en insurrection de paisibles villageois ; les habitans du canton de Thenzay, excités par un officier nommé Moreau, s'étaient mis en révolte et avaient élu un nouveau juge de paix et un nouveau maire.

Le même jour, 24 février, un notaire, son clerc et le fils d'un huissier avaient fait prendre les armes à une quinzaine d'individus, dans le village de Vernoise, arrondissement de Beaugé, mais ces deux mouvemens furent appaisés de suite, et la justice en saisit les auteurs, à l'exception de Moreau qui rejoignit le général Berton. Celui-ci, forcé de se retirer, fut bientôt abandonné par les hommes égarés qu'il traînait à sa suite : ne voyant point arriver les renforts qui leur avaient été annoncés, ils se débandèrent et regagnèrent leurs foyers : on en arrêta une quinzaine sur la route de Montreuil et de Doué, et leur chef n'avait plus que dix à douze hommes quand il se présenta aux portes de Thouars, qu'il trouva fermées à sa rentrée.

Abandonné et sans espérance de réussir, il prit le parti de fuir à la hâte ; déguisé sous les habits de paysan, il se retira dans les forêts, uniquement occupé du soin d'échapper aux poursuites dont il est l'objet. C'est du moins ce que plusieurs journaux ont annoncé.

Le mouvement des troupes, la marche de la garnison de Tours sur Saumur et son remplacement par d'autres régimens, n'interrompirent point les travaux du conseil de guerre. Le 26 février, les débats furent clos, et les membres du conseil allèrent aux opinions.

La nuit du 26 au 27 février, le jugement fut lu aux accusés, il condamne :

A la peine de mort.

Delon.— Sirejean.— Coudert.

A cinq ans de prison et 500 fr. d'amende.

Mathieu.

A deux ans de prison et 500 fr. d'amende.

Fabert.—Bourru.—Clément.—Lemaitre.—Lebrun.

Et renvoye de l'accusation.

Dethieux.-- Daumery.

Telle fut la fin d'un complot extravagant et mal ourdi. Espérons que la promptitude que met l'autorité à découvrir et à punir les tentatives de ce genre, guérira les esprits inquiets et mécontens, de la funeste manie d'en essayer de nouvelles, et que la justice n'aura plus à s'occuper de pareilles causes.

Pour rassurer la population sur les suites de

cette affaire, le ministre de la guerre publia l'ordre du jour suivant, le 10 mars courant :

Ministère de la guerre.

» Les dernières nouvelles d'Angers, de Saumur et de Tours, sont aussi satisfaisantes qu'on devait l'espérer. Les rebelles ont été dispersés aussitôt qu'ils ont paru ; un assez grand nombre d'entre eux est déjà livré à la justice : on est à la recherche des autres.

Si ces évènemens ont montré toute la démence et toute la fureur des factieux, ils ont aussi prouvé le bon esprit et la fidélité des troupes. M. Bordes-Pilas, lieutenant de roi, commandant le château de Saumur ; la gendarmerie ; le 7e régiment d'infanterie de la garde royale, commandé par le lieutenant-colonel marquis de Maillardos ; le 44e de ligne ; les carabiniers ; les cuirassiers d'Orléans ; les chasseurs à cheval du Morbihan, de l'Arriège, du Var et des Pyrénées, dirigés par les maréchaux-de-camp baron Jamin, comte de Choiseul, vicomte de Malartic, et par le lieutenant-général vicomte de Briche, ont rivalisé d'activité, de zèle et de dévoûment. Généraux, officiers, soldats, tous ont bien répondu à la confiance du gouvernement.

Les gens de bien ne doivent rien craindre de ces tentatives de la révolte, de ces dernières convulsions d'un parti qui expire. L'armée est chargée de veiller à la tranquillité publique, et elle prouve qu'elle connait ses devoirs, et qu'elle sait les remplir.

Tout est calme maintenant dans la 4e division militaire, et la plupart des troupes qui y avaient été envoyées sont déjà rentrées dans leurs garnisons.»

On ne manqua pas, comme cela se pratique en pareille occasion, de calomnier les officiers à demi-solde, victimes obligées de certains écrivains d'un certain parti. Le journal des Deux-Sévres n'oublia pas de dire que beaucoup d'officiers à demi-solde avaient augmenté le nombre des révolutionnaires et arboré la cocarde tricolore. Mr le comte de Choiseul, maréchal-de-camp, commandant la subdivision des Deux-Sèvres, fut indigné d'une pareille accusation, et il écrivit au rédacteur la lettre dont nous donnons ici la copie.

A M. le rédacteur du Journal des Deux-Sèvres.

Monsieur, votre correspondant de la ville de Thouars, en vous rendant compte de l'insurrection qui a troublé cette ville le 24 février dernier, est tombé dans une erreur très-grave, que je tiens beaucoup à faire rectifier. Il avance que *beaucoup d'officiers à demi-solde ont augmenté le groupe des révolutionnaires qui tous ont arboré la cocarde tricolore.* Je suis plus à même que personne de démentir ce fait. Trois officiers en non-activité ou à demi-solde et un en réforme seulement, ont pris part à cette criminelle tentative, et il est bon que leurs noms soient connus. Ce sont MM[rs] Moreau, Pombas, Nonet et Rivereau. Mais si j'ai été affligé de la conduite infame de ces quatre officiers, j'ai eu la consolation de voir accourir chez moi, pour offrir leurs services, plusieurs de messieurs les officiers en non-activité ; d'autres m'ont écrit pour le même objet, et j'ai la certitude que la plupart d'entre eux se seraient empressés de se groupper autour de moi au premier appel que je leur aurais fait.

Veuillez, je vous prie, Monsieur, insérer ma réclamation dans votre prochain numéro ; et agréer l'assurance de ma considération distinguée.

Le maréchal-de-camp commandant la subdivision des Deux-Sèvres,

Le comte de CHOISEUL.

Le journaliste des Deux-Sèvres se justifia en disant qu'il s'était trompé d'expression, et qu'au lieu de celle : *officiers à demi-solde*, il aurait dû employer celle-ci : *beaucoup d'anciens militaires ;* que cette distinction ne lui était pas venue à la pensée, et il prétendit qu'il n'avait calomnié des hommes respectables que par inadvertance. De mauvaises langues diraient : par habitude.

Le jugement du deuxième conseil de guerre de Tours a été annulé par le conseil de révision ; pour l'amour de l'humanité, nous désirons que les magistrats militaires qui vont prononcer de nouveau sur cette affaire, ne voient dans les accusés que des gens séduits et trompés, et non des criminels dignes de mort, ou si le conseil de guerre doit remplir de pénibles devoirs, nous désirons, toujours par le même motif, que la clémence royale leur accorde une grâce que leur âge et leur inexpérience leur donnent le droit de réclamer.

Plusieurs journaux annonçaient les jours derniers qu'un officier avait été arrêté à Saint-Calais, département de la Sarthe, et qu'on le soupçonnait être le général Berton. Des officiers d'état-major ont été, disent les mêmes feuilles, envoyés sur les lieux pour constater l'identité de sa personne.

Cet officier a été amené à Paris, et il est maintenant à la Conciergerie. Ce n'est point le général Berton, comme les journaux l'avaient annoncé, mais on n'est pas encore parvenu à connaître le lieu de naissance, l'état ou la fortune du prisonnier, s'étant refusé jusqu'à ce moment à répondre aux questions qu'on lui a adressées.

FIN.

Imprimerie de F.-P. HARDY, rue Dauphine N.° 36.

www.ingramcontent.com/pod-product-compliance
Lightning Source LLC
LaVergne TN
LVHW020242230826
846091LV00006B/2226

* 9 7 8 2 0 1 1 7 9 2 2 8 0 *